公路工程试验检测技术操作手册

Gangjin ji Shuini Shiyan

钢筋及水泥试验

江 西 省 交 通 工 程 质 量 监 督 站
主编
江苏省交通科学研究院股份有限公司

人 民 交 通 出 版 社

图书在版编目(CIP)数据

公路工程试验检测技术操作手册. 钢筋及水泥试验 / 江西省交通工程质量监督站，江苏省交通科学研究院股份有限公司主编. — 北京 : 人民交通出版社，2013.10
ISBN 978-7-114-10872-3

Ⅰ. ①公… Ⅱ. ①江… ②江… Ⅲ. ①道路工程 - 钢筋 - 道路试验 - 检测 - 技术手册 Ⅳ. ①U416.03 - 62

中国版本图书馆 CIP 数据核字(2013)第 212606 号

公路工程试验检测技术操作手册

书　　名：钢筋及水泥试验
著 作 者：江西省交通工程质量监督站
江苏省交通科学研究院股份有限公司
责任编辑：韩亚楠　崔　建
出版发行：人民交通出版社
地　　址：(100011)北京市朝阳区安定门外外馆斜街 3 号
网　　址：http://www.ccpress.com.cn
销售电话：(010)59757973
总 经 销：人民交通出版社发行部
经　　销：各地新华书店
印　　刷：北京市密东印刷有限公司
开　　本：880 × 1230　1/32
印　　张：2
字　　数：36 千
版　　次：2013 年 10 月　第 1 版
印　　次：2013 年 10 月　第 1 次印刷
书　　号：ISBN 978-7-114-10872-3
定　　价：245.00 元(含光盘)

序

随着我国公路建设事业的飞速发展,试验检测工作对公路工程质量安全的基础保障作用日益突显,各级交通运输主管部门、质监机构和参建单位对试验检测数据重要性的认识普遍提高。

真实、准确、客观、公正的试验检测数据是控制和评定工程质量、保障工程施工安全和运营安全的重要依据和基本前提,是推进技术进步和加强质量管理的先导,是严把工程质量的重要关口。

真实、准确、客观、公正的试验检测数据来源于正确的操作。对于试验检测规程、规范的学习应用,理解的偏差、操作方法的不同、错误的习惯做法都会对试验检测的准确性和有效性造成很大影响。受传统授课方式的限制,实际操作往往难以按照标准、规程所规定的方法和步骤完整、规范、熟练地进行。因此,亟需一部直观、生动、实用的试验检测操作教材。

为此,在总结提炼公路工程试验检测操作成功经验的基础上,江西省交通工程质量监督站、江苏省交通科学研究院股份有限公司历经两年,精心摄制了《公路工程试验检测技术操作手册》教学片。教学片遵循科学与实用的原则，以国家和部颁技术规范、规程、标准为依据，包含了公路工程原材料、水泥混凝土、无机结合料、沥青混合料、现场检测五大类70余个参数试验检测项目，演示了试验检测操作的全部过程。有助于不同层次的试验检测人员掌握试验操作步骤、要点，对规范试验检测操作具有较强的实用性和指导性。

近年来为提高试验检测人员水平，各级质监机构和检测机构采取了不少措施，结合工程建设特点组织了技能竞赛、技术比武、实验室比对等活动。应该说，试验检测人员水平总体是不断提高的。但是，客观地讲，试验检测人员水平与我国公路建设不断加快发展的需要还不相适应。《公路工程试验检测技术操作手册》及教学片的出版发行为当前在全国范围内开展试验检测人员继续教育提供了良好教材。希望，所有试验检测人员要增强对试验检测事业的责任心和使命感，认真学习操作，掌握技巧，破解难点，以良好的职业道德和过硬的业务素质，推动试验检测行业持续健康发展。

交通运输部工程质量监督局副局长

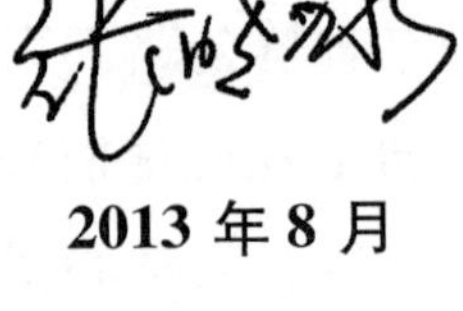

2013年8月

前　言

为了认真贯彻落实交通运输部《高速公路施工标准化活动实施方案》，推广高速公路建设典型示范经验，推进江西省高速公路建设管理标准化活动，进一步提升试验检测工作水平，促进试验检测操作标准化，江西省交通运输厅、江西省交通工程质量监督站、江苏省交通科学研究院股份有限公司联合编写了《公路工程试验检测技术操作手册》，并专门录制了学习光盘，分为六个分册。

本学习光盘摄制规模之大，在国内尚属首次。课题组选取了公路工程主要试验检测项目进行学习视频的摄制，手册主要包括原材料、水泥混凝土、无机结合料、沥青混合料、现场检测五大类共 70 个参数的试验检测项目。学习光盘的摄制工作分了七个工作小组，参加人员超过 50 人，并聘请了多名资深试验检测专家担任摄制工作的顾问，完成了 2 个样片的摄制和制作工作，组织专家召开了 2 次摄制台本和试验视频的评审会，为保证教学片摄制质量奠定了良好基础。

手册与学习光盘配套使用，具有“图文并茂，专业性强，通俗易懂”的优质效果。以路基、路面、桥涵等工程中的原材料试验、混合料配合比设计试验，施工抽检试验，交工验收检测等为主线，以现行试验规程和设计、施工技术规范及其他相关技术标准、资料为主要内容，涵盖了公路工程试验检测的各个方面。手册所引用的试验方法、技术标准都出自最新版本，所有试验方法均有注意事项栏。本手册可为试验检测行业不同层次水平的从业人员实现有效的可视化学习，不受时间、空间的限制，提高效率，可有效指导施工、提升工程质量，也可有效宣传江西省试验检测管理标准化活动的实践成果，为实现江西省交通运输厅提出的让“标准成为习惯、习惯符合标准、结果达到标准”的目标发挥重要作用。

本手册和学习光盘可供建设单位、监理单位和施工单位试验检测人员、管理人员使用，对于未涵盖的内容，应依据有关法律、法规和相关标准、规程执行。本手册在编写过程中得到了各级领导和专家的指导，在此一并表示感谢。由于编制时间仓促，疏漏之处在所难免，各有关单位和从业人员在使用本教材时，如发现问题或欲提出改进意见，请函告江西省交通工程质量监督站。

地　　址：南昌市沿江北路18号，邮编:330008。

编　者

2013年8月

目　　录

1　总则

1.0.1　为适应交通运输发展和公路建设的需要，提高试验检测工作质量和从业人员技术水平，保证工程安全可靠、经济合量，制定本手册。

1.0.2　本手册和学习光盘适用于公路工程钢筋、水泥试验各参数的性能试验。其中为方便读者阅读，图、表、公式序号排法与规范序号保持一致。

1.0.3　本手册和学习光盘发布时，所引用规程、规范及其他相关技术标准和资料均为有效。当所引用版本更新时，本手册和学习光盘将同步更新发行。

2 钢筋试验

2.1 钢筋闪光对焊接头拉伸、弯曲试验方法(参照 JGJ/T 27—2001 执行)

2.1.1 目的与适用范围

(1)接头拉伸试验目的是测定焊接接头抗拉强度、观察断裂位置和断口特征,判定塑性断裂或脆性断裂。接头弯曲试验目的是检验钢筋焊接接头承受规定弯曲角度的弯曲变形性能和可能存在的焊接缺陷。

(2)接头拉伸试验适用于电阻点焊、闪光对焊、电弧焊、电渣压力焊、气压焊和预埋件埋弧压力焊。接头弯曲试验适用于闪光对焊、窄间隙焊、气压焊。

2.1.2 主要检测设备

(1)万能试验机(图 JGJ/T 27-1):准确度等级 1 级或优于 1 级。

(2)游标卡尺:精度为 0.02mm。

2.1.3 试验准备

图 JGJ/T 27-1 万能试验机

（准确度:1 级）

(1)根据钢筋的规格型号分别截取相应长度的 3 根拉伸和 3 根弯曲试样。

(2)拉伸试样满足:试样长度宜为 8 倍的钢筋的直径另加试验机夹具所夹持部分的长度。

(3)弯曲试样满足:试样长度一般宜为两支辊内侧距离另加 150mm。

2.1.4 试验步骤

(1)试验环境要求。

试验一般在室温为 10 ~ 35℃进行。

(2)钢筋闪光对焊接头拉伸试验。

①根据试样的规格选择相应量程的万能试验机,其两端的夹持长度不小于夹头长度的 3/4。

②关闭回油阀,打开送油阀。在试验开始时,试验机夹头的分离速率应连续而平稳,并使其应力速率控制在 10 ~ 30MPa/s。

③一直施加试验力,直至接头破裂,记录最大试验力(F_m)。

④试样断裂后,应立即打开回油,同时关闭送油阀,将试样取出。

⑤根据试验结果计算出闪光对焊接头的抗拉强度

试验指标及钢筋的断裂位置和断裂特征。

⑥试验中,当试验设备发生故障或操作不当而影响试验数据时,试验结果应视为无效。

(3)钢筋闪光对焊接头弯曲试验。

①将试样受压面的金属毛刺和镦粗凸起部分消除,使之与母材外表齐平。

②选择合适弯头并根据试样规格调节两支辊间的距离:

a. 弯曲直径的选择根据《钢筋焊接及验收规程》(JGJ 18—2012)中表5.1.8进行选择。

b. 除非另有规定,支辊间内侧距离 l 应按 $l = D + 2.5a$ 进行调整。

③试样应放在两支点上,并使焊缝中心与压头中心线一致,应缓慢地对试样施加弯曲力,直至达到规定的弯曲角度或出现裂纹、破断为止。

④试验结束后,观察试样是否破裂。

2.1.5 试验结果计算

(1)抗拉强度的计算按式(JGJ/T 27-1)计算。

$$R_m = F_m / S_0 \qquad (JGJ/T\ 27\text{-}1)$$

式中:R_m——试验最大力下的抗拉强度,MPa;

F_m——试验最大力,N;

S_0——试样的原始截面积,mm^2。

(2)性能结果数值的修约。

抗拉强度试验结果数值应修约至5MPa。

(3)试验结果数据判定。

①符合下列条件之一,应评定该检验批接头拉伸试验合格。

a.三个试件均断于钢筋母材,呈延性断裂,其抗拉强度大于或等于钢筋母材抗拉强度标准值。

b.两个试件断于钢筋母材,呈延性断裂,其抗拉强度大于或等于钢筋母材抗拉强度标准值;另一试件断于焊缝,呈脆性断裂,其抗拉强度大于或等于钢筋母材抗拉强度标准值的1.0倍。

注:试件断于热影响区,呈延性断裂,应视作与断于钢筋母材等同;试件断于热影响区,呈脆性断裂,应视作与断于焊缝等同。

②符合下列条件之一,应进行复检。

a.两个试件断于钢筋母材,呈延性断裂,其抗拉强度大于或等于钢筋母材抗拉强度标准值;另一试件断于焊缝,呈脆性断裂,其抗拉强度小于钢筋母材抗拉强度标准值的1.0倍。

b.一个试件断于钢筋母材,呈延性断裂,其抗拉强度大于或等于钢筋母材抗拉强度标准值;另两个试件断于焊缝或热影响区,呈脆性断裂。

③三个试件均断于焊缝,呈脆性断裂,其抗拉强度大于或等于钢筋母材抗拉强度标准值的1.0倍,应进行复检。当三个试件中有一个试件的抗拉强度小于钢筋母材抗拉强度标准值的1.0倍,应判该检验批接头拉伸试验不合格。

④复检时，应切取 6 个试件进行试验，试验结果有 4 个或 4 个以上试件断于钢筋母材，呈延性断裂，其抗拉强度大于或等于钢筋母材抗拉强度标准值，另 2 个或 2 个以下试件，断于焊缝或热影响区，呈脆性断裂，其抗拉强度大于或等于钢筋母材抗拉强度标准值的 1.0 倍，应评定该批接头拉伸试验复验合格。

⑤弯曲试验结果的评定

a. 接头弯曲至 90°，有 2 个或 3 个试样外侧（含焊缝和热影响区）未发生宽度达 0.5mm 的裂纹，应评定该批接头弯曲试验合格。

b. 有 2 个试件发生宽度达 0.5mm 的裂纹，应进行复检。

c. 有 3 个试件发生宽度达 0.5mm 的裂纹，应评定该检验批接头弯曲试验不合格。

d. 复检时，应切取 6 个试件进行试验。当不超过 2 个试件发生宽度达 0.5mm 的裂纹时，应评定该检验批接头弯曲试验复检合格。

2.1.6　试验记录

钢筋闪光对焊接头拉伸、弯曲试验记录示例见表 JGJ/T 27-1。

2.1.7　试验规程及评定依据

（1）《钢筋焊接接头试验方法标准》（JGJ/T 27—2001）

钢筋焊接力学性能试验记录表

表 JGJ/T 27-1

钢筋牌号		HRB335			—					
连接方式		闪光对焊			—			—		
拉伸	试样编号	1	2	3	—	—	—	—	—	—
	公称直径 d(mm)	25			—					
	截面积 S_0(mm^2)	490.9			—			—		
	最大力 F_m	275.5	276.8	274.2	—	—	—	—	—	—
	抗拉强度 R_m	560	565	560	—	—	—	—	—	—
	断口形式	延断	延断	延断	—	—	—	—	—	—
	断口离焊口距离(mm)	75	84	69	—	—	—	—	—	—
弯曲	试样编号	4	5	6	—	—	—	—	—	—
	弯心直径 d(mm)	100			—			—		
	弯心角度 α(°)	90			—			—		
	结果	试样弯曲至90°,钢筋未断裂	试样弯曲至90°,钢筋未断裂	试样弯曲至90°,钢筋未断裂	—	—	—	—	—	—

（2）《钢筋焊接及验收规程》（JGJ 18—2012）

2.1.8 注意事项

（1）每次试验前要检查设备是否可以正常工作，检查夹具是否与试样匹配，不匹配的应及时调换；检查每个螺丝的松紧情况，发现松动应及时拧紧。

（2）试验机移动横梁只是起到调整试验空间的作用，严禁采用移动横梁加载，应通过油缸进行加荷试验。

（3）试验过程中，如果由于特殊原因油泵停止工作，应先卸载检查，严禁在高油压下检查。

（4）试验过程中严禁站在试验机的正面，严禁触摸试件。

2.2 钢筋原材拉伸、弯曲试验方法（参照 GB/T 228.1—2010、GB/T 232—2010 执行）

2.2.1 目的与适用范围

（1）金属材料的拉伸性能主要反映其屈服强度、抗拉强度、断后伸长率是否满足设计要求，弯曲性能试验是测定其弯曲塑性变形能力的。

（2）金属材料的拉伸试验的测定对于小横截面积的金属产品，例如金属箔、超细丝和毛细管等的拉伸试验需要协议；弯曲性能不适用于金属管材和金属焊接接头的弯曲试验。

2.2.2　主要检测设备

(1)万能试验机：准确度等级 1 级或优于 1 级，如图 GB/T 228.1-1 所示。

(2)连续式钢筋标点机。

(3)游标卡尺：精度为 0.02mm。

图 GB/T 228.1-1　万能试验机
(准确度：1 级)

2.2.3　试验准备

(1)根据钢筋的规格型号，每批任取 2 根钢筋，各截取 1 根拉伸和 1 根冷弯试件。

(2)拉伸试样满足：试验机两夹头间的自由长度应足够，以使试样原始标距的标记与最接近夹头间的距离不小于 $\sqrt{S_0}$。

(3)弯曲试样满足：试样长度应根据试样厚度(或直径)和所使用的试验设备确定。

2.2.4　试验步骤

(1)试验环境要求

试验一般在室温在 10～35℃进行，对温度要求严格的试验，试验温度应为 23℃ ±5℃。

(2)钢筋原材拉伸试验

①将准备好的钢筋原材试样进行标距 $L_0 = K\sqrt{S_0}$(L_0 为试样的原始标距，S_0 为试样的原始截面积)。修约至最

接近5mm的倍数。原始标距的标记应精确到±1%。

②根据试样的规格选择相应量程的万能试验机,其两端的夹持长度不小于夹头长度的3/4。

③关闭回油阀,打开送油阀。在试验开始时,试验机夹头的分离速率应尽量保持恒定,并使其应力速率控制在6~60MPa/s,同时还需在相应阶段控制其应变速率。

④一直施加试验力。读取屈服力(F_{el})后调节加载速率直至原材破裂,记录最大试验力(F_m)。

⑤试样断裂后,应立即打开回油,同时关闭送油阀,将试样取出。

⑥量取标距为$K\sqrt{S_0}$的断后标距(L_u)并记录,精确至±0.25mm。

原则上只有断裂处与最接近原始标距的距离不小于原始标距的三分之一的情况方为有效,但断后伸长率大于或等于规定值,不管断裂位置处于何处测量均有效。

⑦根据试验结果计算出钢筋原材的屈服强度、抗拉强度、断后伸长率等的试验指标。

(3)钢筋原材弯曲试验

①根据试样的规格型号,选用相应的弯曲压头,并调节支辊间距:

a.弯曲压头直径根据相关产品规范中给定的弯心直径进行选择。

b. 除非另有规定，支辊间距 l 可按 $l=(D+3a)\pm0.5a$ 进行调整。

②试样轴线应与弯曲压头轴线垂直，弯曲压头在两支座之间的中点处对试样连续施加力使其弯曲，直至达到规定的弯曲角度。如不能直接达到规定的弯曲角度，应将试样置于两平行压板之间，连续施加力使其进一步弯曲，直至达到规定的弯曲角度。

③弯曲试验时，应缓慢施加弯曲力，以使材料能够自由地进行塑性变形。当出现争议时，试验速率应为 1mm/s ±0.2mm/s。

④如未有具体规定要求，弯曲试验后不使用放大仪器观察，观察试样外表面有无可见裂纹。

2.2.5 试验结果计算

(1)计算公式

①屈服强度按式(GB/T 228.1-1)计算。

$$R_{el}=F_{el}/S_0 \qquad (GB/T\ 228.1\text{-}1)$$

式中：R_{el}——屈服强度，MPa；

F_{el}——屈服力，N；

S_0——试样的原始截面积，mm^2。

②抗拉强度按式(GB/T 228.1-2)计算。

$$R_m=F_m/S_0 \qquad (GB/T\ 228.1\text{-}2)$$

式中：R_m——试验最大力下的抗拉强度，MPa；

F_m——试验最大力，N；

S_0——试样的原始截面积,mm^2。

③断后伸长率按式(GB/T 228.1-3)计算。

$$A = (L_u - L_0)/L_0 \qquad (GB/T\ 228.1\text{-}3)$$

式中:A——断后伸长率,%;

L_u——试样断后标距,mm,修约至±0.25mm;

L_0——试样的原始标距,mm,修约至最接近5的倍数。

(2)性能结果数值的修约

①数值修约应按相关产品规范进行修约,若相关产品规范中未具体要求,则按下述要求进行修约:

a.强度性能值修约至1MPa。

b.屈服点延伸率修约至0.1%,其他延伸率和断后伸长率修约至0.5%。

c.断面收缩率修约至1%。

②热轧带肋钢筋与热轧光圆钢筋性能结果数值的修约按照相关产品规范要求进行修约,见表GB/T 228.1-1。

性能结果数值的修约间隔　　表GB/T 228.1-1

性　能	范　围	修约间隔
R_{el}、R_m	≤200MPa >200~1 000MPa >1 000MPa	1MPa 5MPa 10MPa
A	≤10% >10%	0.5% 1%

(3)试验数据结果判定

钢筋原材试验结果的任一指标不符合其规范规定值时,应双倍取样复检,当复检仍有不合格,则该批钢筋不合格。

2.2.6 试验记录

钢筋原材拉伸、弯曲试验记录示例见表 GB/T 228.1-2。

钢材力学性能试验记录表　　表 GB/T 228.1-2

<table>
<tr><td colspan="3">钢筋牌号</td><td colspan="2">HRB335</td><td colspan="2">—</td><td colspan="2">—</td></tr>
<tr><td rowspan="11">拉伸</td><td colspan="2">试样编号</td><td>1</td><td>2</td><td>—</td><td>—</td><td>—</td><td>—</td></tr>
<tr><td colspan="2">公称直径 d(mm)</td><td colspan="2">25</td><td colspan="2">—</td><td colspan="2">—</td></tr>
<tr><td colspan="2">截面积 S_0(mm^2)</td><td colspan="2">490.9</td><td colspan="2">—</td><td colspan="2">—</td></tr>
<tr><td colspan="2">标距 L_0(mm)</td><td colspan="2">125</td><td colspan="2">—</td><td colspan="2">—</td></tr>
<tr><td rowspan="2">拉伸荷载(kN)</td><td>屈服荷载</td><td>190.2</td><td>189.1</td><td>—</td><td>—</td><td>—</td><td></td></tr>
<tr><td>最大力 F_m</td><td>270.1</td><td>268.9</td><td>—</td><td>—</td><td>—</td><td>—</td></tr>
<tr><td rowspan="2">强度(Pa)</td><td>屈服强度 R_e</td><td>385</td><td>385</td><td>—</td><td>—</td><td>—</td><td>—</td></tr>
<tr><td>抗拉强度 R_m</td><td>550</td><td>550</td><td>—</td><td>—</td><td>—</td><td>—</td></tr>
<tr><td rowspan="2">断后伸长率</td><td>断后标距 L_u(mm)</td><td>157.50</td><td>156.50</td><td>—</td><td>—</td><td>—</td><td>—</td></tr>
<tr><td>断后伸长率 A(%)</td><td>26</td><td>25</td><td>—</td><td>—</td><td>—</td><td>—</td></tr>
<tr><td colspan="2">断口形式</td><td>延断</td><td>延断</td><td>—</td><td>—</td><td>—</td><td>—</td></tr>
<tr><td rowspan="4">弯曲</td><td colspan="2">试样编号</td><td>3</td><td>4</td><td>—</td><td>—</td><td>—</td><td>—</td></tr>
<tr><td colspan="2">弯心直径 d(mm)</td><td colspan="2">75</td><td colspan="2">—</td><td colspan="2">—</td></tr>
<tr><td colspan="2">弯心角度 α(°)</td><td colspan="2">180</td><td colspan="2">—</td><td colspan="2">—</td></tr>
<tr><td colspan="2">结果</td><td>试样弯曲至 180°后，钢筋外表面无肉眼可见裂纹</td><td>试样弯曲至 180°后，钢筋外表面无肉眼可见裂纹</td><td>—</td><td>—</td><td>—</td><td>—</td></tr>
</table>

2.2.7　试验规程及评定依据

(1)《金属材料拉伸试验第1部分:室温试验方法》(GB/T 228.1—2010)

(2)《金属材料弯曲试验方法》(GB/T 232—2010)

(3)《钢筋混凝土用钢　第2部分　热轧带肋钢筋》(GB 1499.2—2007)

(4)《钢筋混凝土用钢　第1部分　热轧光圆钢筋》(GB 1499.1—2008)

2.2.8　注意事项

(1)每次试验前要检查设备是否可以正常工作,检查夹具是否与试样匹配,不匹配的应及时调换。检查每个螺丝的松紧情况,发现松动应及时拧紧。

(2)试验过程中,应采取足够的安全措施和防护装置,如果由于特殊原因油泵停止工作,应先卸载检查,严禁在高油压下检查。

(3)试验过程中严禁站在试验机的正面,严禁触摸试件。

3 水泥试验

3.1 水泥比表面积测定方法(勃氏法)(参照 GB/T 8074—2008 执行)

3.1.1 目的与适用范围

(1)本方法规定了用勃氏透气仪来测定水泥细度的试验方法。

(2)本方法适用于测定水泥的比表面积及适合采用本标准(勃氏法)方法的、比表面积在 2 000 ~ 6 000cm²/g 范围的其他各种粉状物料,不适用于测定多孔材料及超细粉状物料。

3.1.2 主要仪器检测

(1)透气仪:见图 GB/T 8074-1,本方法采用的勃氏比表面积透气仪分手动和自动两种,均应符合 JC/T 956—2005 的要求,由透气圆筒、压力计、抽气装置三部分组成。

①透气圆筒:内径为 $12.7^{+0.05}_{0}$mm,由不锈钢制成。圆筒内表面的粗糙度 $R_a = 1.60\mu m$,圆筒上口边应与圆筒主

轴垂直，圆筒下部锥度应与压力计上玻璃磨口锥度一致，两者应紧密连接。在圆筒内壁，距离圆筒上口边55mm ± 10mm处有一突出的宽度为0.5 ~ 1mm的边缘，用于放置金属穿孔板。

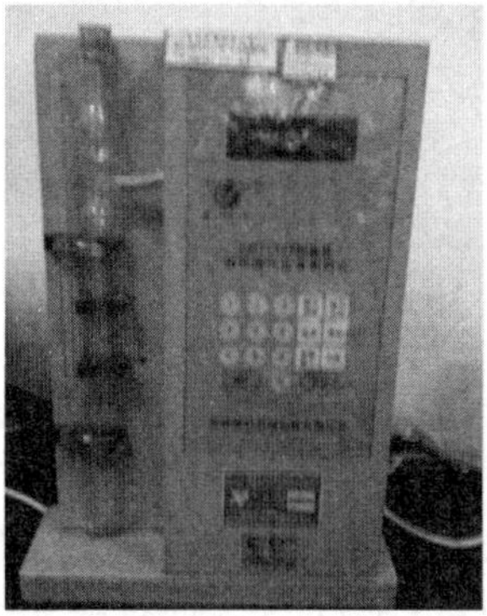

图 GB/T 8074-1　透气仪(单位：s)

②穿孔板：由不锈钢或其他不受腐蚀的金属制成，厚度为$1.0_{-0.1}^{0}$mm，在其面上等距离地打有35个直径1mm的小孔，穿孔板应与圆筒内壁密合。穿孔板两平面应平行。

③捣器：用不锈钢制成，插入圆筒时，其间隙不大于0.1mm。捣器的底面应与主轴垂直，侧面有一个扁平槽，宽度3.0mm ± 0.3mm。捣器的顶部有一个支持环，当捣器放入圆筒时，支持环与圆筒上口边接触，这时捣器底面与穿孔圆板之间的距离为15.0mm ± 0.5mm。

④压力计：U形压力计由外径为9mm的具有标准厚度的玻璃管制成。压力计一个臂的顶端有一个锥形磨口与透气圆筒紧密连接，在连接透气圆筒的压力计臂上刻有环行线。从压力计底部往上280 ~ 300mm处有一个出口管，管上装有

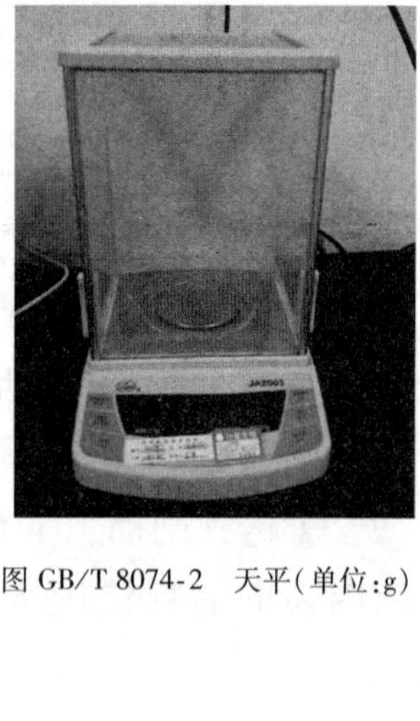

图 GB/T 8074-2　天平(单位：g)

一个阀门,用于连接抽气装置。

⑤抽气装置:用小型电磁泵,也可用抽气球。

(2)滤纸:采用符合 GB/T 1914—2007 的中速定量滤纸。

(3)天平:见图 GB/T 8074-2,分度值为 0.001g。

(4)其他:烘干箱、干燥箱和毛刷等。

3.1.3 试验准备

(1)材料

①压力计液体采用带有颜色的蒸馏水或直接采用无色蒸馏水。

②水泥样品:按 GB 12573—2008 进行取样,先通过 0.9mm 方孔筛,再在 110℃ ±5℃ 下烘干 1h,并在干燥器中冷却至室温。

③基准材料:GSB 14—1511 或相同等级标准物质。有争议时以 GSB 14—1511 为准。

④汞:分析纯汞。

(2)试验环境

相对湿度不大于 50%。

(3)仪器校准

仪器校准按 JC/T 956—2005 进行。

(4)漏气检查

将透气圆筒上口用橡皮塞塞紧,接到压力计上。用抽气装置从压力计一臂中抽出部分气体,然后关闭阀门,观察是否漏气。如发现漏气,用活塞油脂加以密封。

(5)孔隙率的确定

①P·Ⅰ、P·Ⅱ型水泥的孔隙率采用0.500±0.005,其他水泥或粉料的孔隙率采用0.530±0.005。

②当按上述孔隙率不能将试样压至本规程规定的位置时,则允许改变孔隙率。

③孔隙率的调整以2 000g 砝码(5 等砝码)将试样压实至规定的位置为准。

(6)试料层体积的标定方法

①用水银排代法标定圆筒的试料层的体积:将穿孔板平放入圆筒内,再放入两片滤纸,然后用水银注满圆筒,用玻璃片挤压圆筒上口多余的水银,使水银面与圆筒上口平齐,倒出水银称量(ρ_1),然后取出一片滤纸,在圆筒内加入适量的试样。再盖上一片滤纸后用捣器压实至试料层规定的高度。取出捣器并用水银注满圆筒,再同样用玻璃片挤压平后,将水银倒出称量(ρ_2),圆筒试料层体积按式(GB/T 8074-1)计算。

$$V = \frac{\rho_1 - \rho_2}{\rho_{水银}} \qquad (GB/T\ 8074\text{-}1)$$

式中:V——透气圆筒的试料层体积,cm^3;

ρ_1——未装水泥时,充满圆筒的水银质量,g;

ρ_2——装水泥后,充满圆筒的水银质量,g;

$\rho_{水银}$——试验温度下水银的密度,g/cm^3。

试料层体积要重复测定两遍,取平均值,计算精确至

$0.001cm^3$。

②勃氏仪标准时间的标定方法：

用水泥细度和比表面积标准样标定标准时间。

③标准样的处理：

将水泥细度和比表面积标准样在110℃±5℃下烘干1h并在干燥器中冷却至室温。

④标准样质量的确定：

标准样质量按式(GB/T 8074-2)计算。

$$W = \rho V(1 - \varepsilon) \qquad \text{(GB/T 8074-2)}$$

式中：W——称取水泥细度和比表面积标准样的质量，g；

ρ——水泥细度和比表面积标准样的密度，g/cm^3；

V——透气圆筒的试料层体积试料层体积，cm^3；

ε——取0.5。

⑤试料层制备：将穿孔板放入透气圆筒内，取一片滤纸放入，并放平。将准确称取的水泥细度和比表面积标准样倒入圆筒，使其表面平坦，再放入一片滤纸，用捣器均匀压实标准样直至捣器的支持环紧紧接触圆筒顶边，旋转捣器1～2圈，慢慢取出捣器。

⑥透气试验：将装好标准样的圆筒下锥涂一薄层凡士林，把它连接到U形压力计上。打开阀门，缓缓地从压力计一臂中抽出空气，直到压力计内液面上升到超过第三条刻度线时关闭阀门。当压力计内液面的凹月面下降到第三条刻度线时开始计时，当液面的凹月面下降到第二条刻度线时停止计时。记录液面从第三条刻线到第二条刻线

所需的时间,精确至0.1s。透气试验要重复称取两次标准样分别进行,当两次透气时间的差超过1.0s时,要测第三遍,取两次不超过1.0s的平均透气时间作为仪器的标准时间。

⑦校准周期:至少每年进行一次,若仪器设备使用频繁则应半年进行一次;仪器设备维修后也要重新标定。

3.1.4 试验步骤

(1)测定水泥密度

按GB/T 208测定水泥密度。

(2)确定试样量

试样量按式(GB/T 8074-3)计算:

$$W = \rho V(1 - \varepsilon) \qquad \text{(GB/T 8074-3)}$$

式中:W——需要的试样量,g;

ρ——试样密度,g/cm^3;

V——试料层体积,按JC/T 956—2005测定cm^3;

ε——试料层空隙。

(3)试料层制备

①将穿孔板放入透气圆筒的突缘上,用捣棒把一片滤纸送到穿孔板上,边缘放平并压紧。称取按本方法确定的水泥量,精确至0.001g,倒入圆筒。轻敲圆筒的边缘,使水泥层表面平坦。再放入一片滤纸,用捣器均匀捣实试料直至捣器的支持环与圆筒顶边接触,并旋转1~2周,慢慢取出捣器。

②穿孔板上的滤纸为 ϕ12.7mm 边缘光滑的圆形滤纸片。每次测定需用新的滤纸片。

(4)透气试验

①把装有试料层的透气圆筒下锥面涂一薄层活塞油脂，然后把它插入压力计顶端锥形磨口处，旋转 1 ~ 2 圈。要保证紧密连接不至漏气，并不振动所制备的试料层。

②打开微型电磁泵，慢慢从压力计一臂中抽出空气，直到压力计内液面上升到扩大部下端时关闭阀门。当压力计内液体的凹月面下降到第一个刻度线时开始计时，当液体的凹月面下降到第二条刻度线时停止计时，记录液面从第一条刻度线到第二刻度线所需的时间。并记下试验时的温度(℃)。每次透气试验，应重新制备试料层。

3.1.5 试验结果计算

(1)当被测试样的密度、试料层中空隙率与标准试样相同，试验时的温度与校准温度之差≤3℃时，可按式(GB/T 8074-4)计算。

$$S_c = \frac{S_s \sqrt{T}}{\sqrt{T_s}} \qquad (\text{GB/T 8074-4})$$

如试验时温差 > ± 3℃ 时，则按式(GB/T 8074-5)计算。

$$S_c = \frac{S_s\sqrt{T}\sqrt{\eta_s}}{\sqrt{T_s}\sqrt{\eta}} \qquad (GB/T\ 8074\text{-}5)$$

式中：S_c——被测试样的比表面积，cm^2/g；

S_s——标准试样的比表面积，cm^2/g；

T——被测试样试验时，压力计中液面降落测得的时间，s；

T_s——标准试样试验时，压力计中液面降落测得的时间，s；

η——被测试样试验温度下的空气黏度，μPa · s；

η_s——标准试样试验温度下的空气黏度，μPa · s。

（2）当被测试样的试料层中空隙率与标准样品试料层中空隙率不同，试验时的温度与校准温度之差为3℃时，可按式（GB/T 8074-6）计算。

$$S_c = \frac{S_s\sqrt{T}(1-\varepsilon_s)\sqrt{\varepsilon^3}}{\sqrt{T_s}(1-\varepsilon)\sqrt{\varepsilon_s^3}} \qquad (GB/T\ 8074\text{-}6)$$

如试验时的温度与校准温度之差＞3℃，则按式（GB/T 8074-7）计算。

$$S_c = \frac{S_s\sqrt{T}(1-\varepsilon_s)\sqrt{\varepsilon^3}\sqrt{\eta_s}}{\sqrt{T_s}(1-\varepsilon)\sqrt{\varepsilon_s^3}\sqrt{\eta}} \qquad (GB/T\ 8074\text{-}7)$$

式中：ε——被测试样试料层中的空隙率；

ε_s——标准试样试料层的空隙率。

（3）当被测试样的密度和空隙率均与标准试样不同，试验时温差≤3℃时，可按式（GB/T 8074-8）计算。

$$S_c = \frac{S_s\sqrt{T}(1-\varepsilon_s)\sqrt{\varepsilon^3}\rho_s}{\sqrt{T_s}(1-\varepsilon)\sqrt{\varepsilon_s^3}\rho} \quad \text{(GB/T 8074-8)}$$

如试验时的温度与校准温度之差大于3℃时，则按式(GB/T 8074-9)计算：

$$S_c = \frac{S_s\sqrt{T}(1-\varepsilon_s)\sqrt{\varepsilon^3}\rho_s\sqrt{\eta_s}}{\sqrt{T_s}(1-\varepsilon)\sqrt{\varepsilon_s^3}\rho\sqrt{\eta}} \quad \text{(GB/T 8074-9)}$$

式中：ρ——被测试样的密度，g/cm^3；

ρ_s——标准试样的密度，g/cm^3。

(4)精确度与允许误差

①水泥比表面积应由两次透气试验结果的平均值确定。若两次试验结果相差2%以上时，应重新试验。计算结果保留至$10cm^2/g$。

②当一水泥用手动勃氏透气仪测定的结果与自定勃氏透气仪测定的结果有争议时，以手动勃氏透气仪测定结果为准。

3.1.6 试验记录

水泥比表面积试验记录示例见表GB/T 8074-1。

3.1.7 试验规程及评定依据

(1)《水泥比表面积测定方法》(GB/T 8074—2008)

(2)《通用硅酸盐水泥》(GB 175—2007)

水泥比表面积原始记录表

表 GB/T 8074-1

试验室温度（℃）	水银密度 $\rho_{水银}$（g/cm³）	试验次数	未装标准样品时充满圆筒的水银质量（g）ρ_1	装标准样品时充满圆筒的水银质量（g）ρ_2	试料层体积（cm³）$V=(\rho_1-\rho_2)/\rho_{水银}$	平均（cm³）
27	13.53	1	84.82	59.93	1.840	1.840
		2	84.82	59.94	1.840	

备注：试料层体积按规范要求每半年测定一次，上述数据为检定后的结果

水泥密度（李氏瓶法）试验

试验次数	水泥质量 m（g）	李氏瓶液面读数：初始（第一次）无水煤油体积的读数 V_1（cm³）	李氏瓶液面读数：水槽的温度（℃）	李氏瓶液面读数：装入水泥后无水煤油体积的读数 V_2（cm³）	李氏瓶液面读数：水槽的温度（℃）	水泥所排开无水煤油的体积 V（cm³）	密度（g/cm³）	平均（g/cm³）
1	60.00	0.2	20.0	20.0	20.0	19.8	3.03	3.02
2	60.00	0.4	20.0	20.3	20.0	19.9	3.02	

续上表

水泥比表面积(勃氏法)试验　　试验环境：										
标准试样的比表面积 S_s = 3 450 cm^2/g				标准试样试料层中的空隙率 ε_s = 0.500				标准试样的密度 ρ_s = 3.14 g/cm^3		
试验次数	被测试样试料层中的空隙率（ε）	试样量 $W=\rho_v(1-\varepsilon)$（g）	被测试样的密度 ρ（g/cm^3）	被测试样试验时，压力计中液面降落测得的时间 T(s)	温度（℃）	标准试样试验时，压力计中液面降落测得的时间 T_s(s)	温度（℃）	被测试的比表面积（m^2/kg）	平均（m^2/kg）
1	0.530	2.620	3.02	76.25	25.9	111.2	27.0	345	345
2				76.31	25.9	111.2	27.0	345	

3.1.8 注意事项

(1)试验前要进行漏气检查。

(2)校准周期:至少每年进行一次。仪器设备使用频繁则应半年进行一次;仪器设备维修后要重新标定。

3.2 水泥标准稠度用水量、凝结时间、安定性检验方法(参照 GB/T 1346—2011 执行)

3.2.1 目的与适用范围

(1)本试验方法规定了水泥标准稠度用水量、凝结时间和体积安定性的测试方法。

(2)本试验方法适用于硅酸盐水泥、普通硅酸盐水泥、矿渣硅酸盐水泥、粉煤灰硅酸盐水泥、火山灰硅酸盐水泥、复合硅酸盐水泥、道路硅酸盐水泥以及指定采用本方法的其他品种水泥。

3.2.2 主要检测设备

(1)水泥净浆搅拌机:如图 GB/T 1346-1 所示符合 JC/T 729—2005 的要求。

注:通过减小搅拌翅和搅拌锅之间间隙,可以制备更加均匀的净浆。

(2)标准法维卡仪:如图 GB/T 1346-2 所示标准稠度测定用试杆,有效长度为 50mm ± 1mm、由直径为 10mm ± 0.05mm 的圆柱形耐腐蚀金属制成,初凝用试针由钢制成,其有效长度初凝针为 50mm ± 1mm,终凝针为 30mm ±

1mm，直径为1.13mm±0.05mm。滑动部分的总质量为300g±1g。与试杆、试针连接的滑动杆表面应光滑，能靠重力自由下落，不得有紧涩和旷动现象。

图 GB/T 1346-1　水泥净浆搅拌机（单位：min）

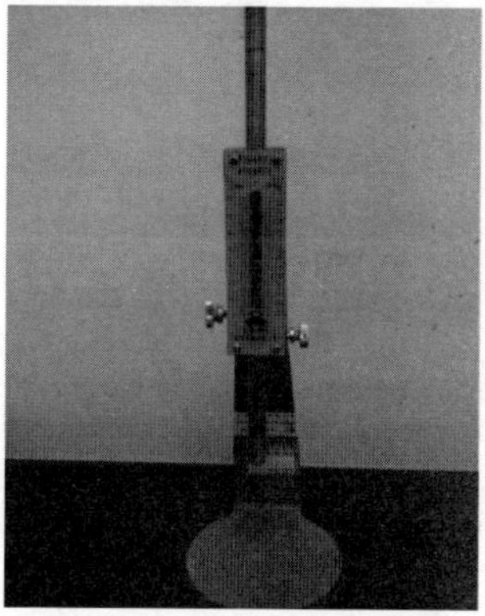

图 GB/T 1346-2　标准法维卡仪（单位：mm）

盛装水泥净浆的试模应由耐腐蚀、有足够硬度的金属制成。试模为深40mm±0.2mm，顶内径ϕ65mm±0.5mm，底内径75mm±0.5mm的截顶圆锥体。每个试模应配备一个边长或直径为100mm，厚度4～5mm的平板玻璃底板或金属底板。

（3）雷氏夹：由铜质材料制成。首先将一根指针的根部先悬挂在一根金属丝或尼龙丝上，另一根指针的根部再挂上300g质量的砝码时，两根指针针尖的距离增加应在17.5mm±2.5mm范围内，即$2x$＝17.5mm±2.5mm，当去掉砝码后针尖的距离应能恢复至挂砝码前的状态。

（4）沸煮箱：如图 GB/T 1346-3 所示，符合 JC/T 955—2005 的要求。

(5)雷氏夹膨胀值测定仪:如图 GB/T 1346-4 所示,标尺最小刻度为 0.5mm。

图 GB/T 1346-3　沸煮箱
(单位:min)

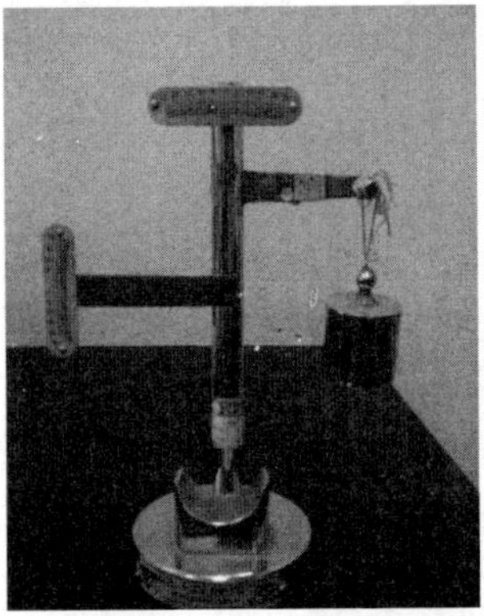

图 GB/T 1346-4　雷氏夹膨胀值测定仪
(单位:mm)

(6)量筒或滴定管:精度 ±5mL。

(7)天平:最大称量不小于 1 000g,分度值不大于 1g。

(8)湿气养护箱:应能使温度控制在 20℃ ±1℃,相对湿度大于 90%。

(9)秒表:分度值 1s。

3.2.3　试验准备

(1)试样及用水

①水泥试样从取样至试验要保持 24h 以上时,应将其储存在基本装满和气密的容器里,这个容器不与水泥起反应。通过 0.9mm 方孔筛并记录筛余物情况,但要防止过筛时混进其他水泥。

②试验用水应是洁净的饮用,若有争议时应以蒸馏水为准。

(2)试验条件

①试验室的温度为20℃ ±2℃,相对湿度大于50%;水泥试样、拌和水、仪器和用具的温度应与试验室一致。

②湿气养护箱的温度为20℃ ±1℃,相对湿度不低于90%。

(3)试验前工作准备

①维卡仪的滑动杆能自由滑动。试模和玻璃底板用湿布擦拭,将试模放在底板上。

②调整至试杆接触玻璃板时指针对准零点。

③搅拌机运行正常。

3.2.4　试验步骤

(1)水泥净浆拌制

用水泥净浆搅拌机搅拌,将搅拌机和搅拌叶片先用湿布擦过,再将拌和水倒入搅拌锅内,然后在5~10s内小心将称好的500g水泥加入水中,防止水和水泥溅出;拌和时,先将锅放在搅拌机的锅座上,升至搅拌位置,启动搅拌机,低速搅拌120s,停15s,同时将叶片和锅壁上的水泥浆刮入锅中间,高速搅拌120s停机。

(2)标准稠度用水量的测定步骤

拌和结束后,立即取适量水泥净浆一次性将其装入已置于玻璃板上的试模中,浆体超过试模上端,用宽约

25mm 的直边刀轻轻拍打超出试模部分的浆体 5 次以排除浆体中的孔隙，然后在试模上表面约 1/3 处，略倾斜于试模分别向外轻轻锯掉多余净浆，再从试模边缘轻抹顶部一次，使净浆表面光滑。在锯掉多余净浆和抹平的操作过程中，注意不要压实净浆；抹平后迅速将试模和底板移到维卡仪上，并将其中心定在试杆下，降低试杆直至与水泥净浆表面接触，拧紧螺丝 1～2s 后，突然放松，使试杆垂直自由沉入水泥净浆中。在试杆停止沉入或释放试杆 30s 时记录试杆距底板之间的距离，升起试杆后，立即擦净；整个操作应在搅拌后 1.5min 内完成。以试杆沉入净浆中并距地板 6mm ± 1mm 的水泥净浆为标准稠度净浆。其拌和水量为该水泥的标准稠度用水量（P），按水泥质量的百分比计。

（3）凝结时间测定方法

①试验前准备工作。调整凝结时间测定仪的试针接触玻璃板时指针对准零点。

②试件的制备。以标准稠度用水量按（1）制成标准稠度净浆，按（2）装模和刮平后，立即放入湿气养护箱中。记录水泥全部加入水中的时间作为凝结时间的起始时间。

③初凝时间的测定。试件在湿气养护箱中养护至加水后 30min 时进行第一次测定。测定时，从湿气养护箱中取出试模放到试针下，降低试针与水泥净浆表面接触。拧紧螺钉 1～2s 后，放松，使试针垂直自由地沉入水泥净浆。观察试针停止下沉或释放试针 30s 时指针的读数。临近初

凝时间时每隔5min(或更短时间)测定一次,当试针沉至距底板4mm±1mm时,为水泥达到初凝状态;由水泥全部加入水中之初凝状态的时间为水泥的初凝时间,用分钟来表示。

④终凝时间测定。为了准确观察时间沉入的状况,在终凝针上安装了一个环形附件。在完成初凝时间测定后,立即将试模连同浆体以平移的方式从玻璃板下翻转180°,直径大端向上,小端向下放在玻璃板上,再放入湿气养护箱中继续养护。临近终凝时间时每隔15min(或更短时间)测定一次,当试针沉入试体0.5mm时,即环形附件开始不能在试体上留下痕迹时,为水泥达到终凝状态。由水泥全部加入水中至终凝状态的时间为水泥的终凝时间,用分钟来表示。

⑤测定注意事项。测定时应注意,在最初测定的操作时应轻轻扶持金属柱,使其徐徐下降,以防止试针撞弯,但结果以自由下落为准;在整个测试过程中试针沉入的位置至少要距试模内壁10mm。临近初凝时,每隔5min(或更短时间)测定一次,在临近终凝时每隔15min(或更短时间)测定一次,到达初凝时应立即重复测一次,当两次结论相同才能确定到达初凝状态,到达终凝时,需要在试体另外两个不同点测试,确认结论相同才能确定达到终凝状态,每次测定不能让试针落入原针孔,每次测试完毕须将试针擦净并将试模放回湿气养护箱内,整个测试过程要防止试模受振。

(4)安定性测定方法(标准法)

①试验前准备工作。每个试样需成型两个试件,每个雷氏夹需配备两个边长或直径约80mm、厚度4~5mm的玻璃板,凡与水泥净浆接触的玻璃板和雷氏夹内表面都要稍稍涂上一层油。

②雷氏夹试件的成型。将预先准备好的雷氏夹放在已稍擦油的玻璃板上,并立即将已制好的标准稠度净浆一次装满雷氏夹,装浆时一只手轻轻扶持雷氏夹,另一只手用宽约25mm的直边刀在浆体表面轻轻插捣3次,然后抹平,盖上稍涂油的玻璃板,接着立即将试件移至湿气养护箱养护24h±2h。

③沸煮。

a. 调整好沸煮箱内的水位,使能保证在整个沸煮过程中都超过试件,不需中途添补试验用水,同时又能保证在30min±5min内加热升至沸腾。

b. 脱去玻璃板取下试件,先测量雷氏夹指针端间的距离(A),精确到0.5mm,接着将试件放入沸煮箱水中试件架上,指针朝上,然后在30min±5min内加热至沸并恒沸180min±5min。

c. 沸煮结束后,立即放掉沸煮箱中的热水,打开箱盖,待箱体冷却至室温,取出试件进行判别。

3.2.5　试验结果计算

测量雷氏夹指针尖端间的距离C,精确至0.5mm,当两个试件煮后增加距离($C-A$)的平均值不大于5.0mm时，即认为该水泥安定性合格，当两个试件煮后增加距离($C-A$)值相差大于5.0mm时，应用同一样品立即重做一次试验。以复检结果为准。

3.2.6 试验记录

水泥物理性能试验记录示例见表GB/T 1346-1。

水泥物理性能试验记录表 表GB/T 1346-1

<table>
<tr><td colspan="12">一、标准稠度用水量</td></tr>
<tr><td colspan="3">试杆距底板距离
(mm)</td><td colspan="3">拌和用水量
(mL)</td><td colspan="3">标准稠度用水量
(%)</td><td colspan="3">备注</td></tr>
<tr><td colspan="3">7.0</td><td colspan="3">136.0</td><td colspan="3">27.2</td><td colspan="3">—</td></tr>
<tr><td colspan="12">二、凝结时间试验</td></tr>
<tr><td colspan="2">起始时间</td><td colspan="2">到达初凝
状态时间</td><td colspan="2">初凝时间
(min)</td><td colspan="2">到达终凝
状态时间</td><td colspan="2">终凝时间
(min)</td><td colspan="2">备注</td></tr>
<tr><td colspan="2">9:45</td><td colspan="2">13:10</td><td colspan="2">205</td><td colspan="2">14:45</td><td colspan="2">300</td><td colspan="2">—</td></tr>
<tr><td colspan="12">三、安定性试验</td></tr>
<tr><td colspan="2">雷氏夹号</td><td colspan="2">沸煮前
针尖间距
A(mm)</td><td colspan="2">沸煮后
针尖间距
C(mm)</td><td colspan="2">C−A测值
(mm)</td><td colspan="2">C−A平均值
(mm)</td><td colspan="2">备注</td></tr>
<tr><td colspan="2">89</td><td colspan="2">11.0</td><td colspan="2">12.0</td><td colspan="2">1.0</td><td colspan="2" rowspan="2">1.5</td><td colspan="2" rowspan="2">—</td></tr>
<tr><td colspan="2">95</td><td colspan="2">11.0</td><td colspan="2">13.0</td><td colspan="2">2.0</td></tr>
</table>

3.2.7 试验规程及评定依据

(1)《水泥标准稠度用水量、凝结时间、安定性检验方法》(GB/T 1346—2011)。

(2)《通用硅酸盐水泥》(GB 175—2007)。

3.2.8 注意事项

(1)维卡仪的滑动杆能自由滑动。试模和玻璃底板用湿布擦拭,将试模放在底板上。

(2)调整至维卡仪试杆接触玻璃板时指针对准零点。

(3)搅拌机运行正常。

(4)标准稠度用水量测定的整个操作应在搅拌后1.5min内完成。

3.3 水泥胶砂强度检验方法(ISO法)(参照T 0506—2005执行)

3.3.1 目的与适用范围

(1)本试验方法规定水泥胶砂强度检验基准方法的仪器、材料、胶砂组成、试验条件、操作步骤和结果计算等。其抗压强度测定结果与ISO 679:1989结果等同。同时也列入可代用的标准砂和振实台,当代用后结果用异议时以基准方法为准。

(2)本方法适用于硅酸盐水泥、普通硅酸盐水泥、矿渣硅酸盐水泥、粉煤灰硅酸盐水泥、复合硅酸盐水泥、道路硅酸盐水泥以及石灰石硅酸盐水泥的抗折与抗压强度检验。采用其他水泥时必须研究本方法规定的适用性。

3.3.2 主要检测设备

(1)搅拌机:如图T 0506-1属于行星式,其搅拌叶片和搅拌锅作相反方向的转动。叶片和锅由耐磨的金属材料制成,叶片与锅底、锅壁之间的间隙为叶片为锅壁最近的距离 3mm ± 1mm,应每月检查一次。制造质量应符合 JC/T 681—2005 要求。

(2)振实台:图 T 0506-2 应符合 JC/T 682—2005 的规定。由装有两个对称偏心轮的电动机产生振动,使用时固定于混凝土基座上。基座高约 400mm,混凝土体积约 $0.25m^3$,质量约 600kg。为防止外部振动影响振实效果,可在整个混凝土下放一层厚约 5mm 的天然橡胶衬垫。

图 T 0506-1　搅拌机

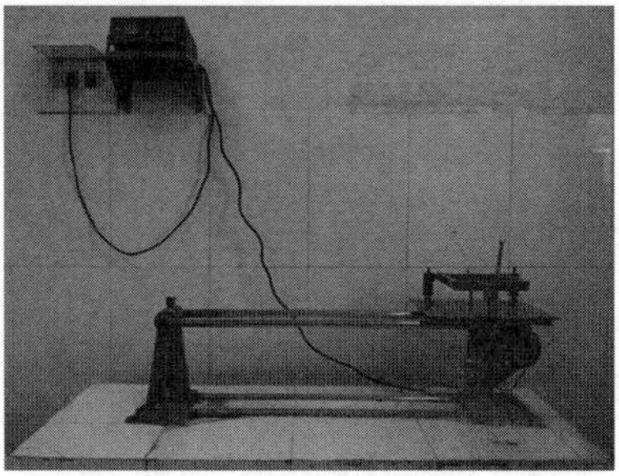

图 T 0506-2　振实台

将仪器用地脚螺钉固定在基座上,安装后设备成水平状态,仪器底座与基座之间要铺一层砂浆以确保它们完全接触。

(3)试模为可装卸的三联模,由横隔板、端板、底座等部分组成,制造质量应符合 JC/T 726—2005《水泥胶砂试模》的规定。可同时成型三条截面为 40mm × 40mm × 60mm 的棱形试件。

(4)抗折试验机和抗折夹具。

①见图 T 0506-3 抗折试验机应符合 JC/T 721—2006 中的要求,一般采用双缸式,也可采用能符合要求的其他试验机。加荷与支撑圆柱体必须用硬质钢材制作。通过三根圆柱轴的三个竖向平面应该平行,并在试验时继续保持平行和等距离垂直试件的方向,其中一根支撑圆柱应能轻微地倾斜使圆柱与试件完全接触,以便荷载沿试件宽度方向均匀分布,同时不产生任何扭转应力。

②抗折夹具应符合 JC/T 724—2005 中的要求。抗折强度也可用抗压强度试验机来测定,此时应使用符合上述规定的夹具。

(5)抗压试验机和抗压夹具。

①见图 T 0506-4 抗压试验机的吨位以 200 ~ 300kN 为宜。抗压试验机,在较大的 4/5 量程范围内使用时,记录荷载应有 ±1.0% 的精度,并具有按2 400N/s ±200N/s 速率的加荷能力,应具有一个能指示试件破坏时荷载的指示器。压力机的活塞竖向轴应与压力机的竖向轴重合,而且活塞作用的合力要通过试件中心。压力机的下压板表面应与该机的轴线垂直并在加荷过程中一直保持不变。

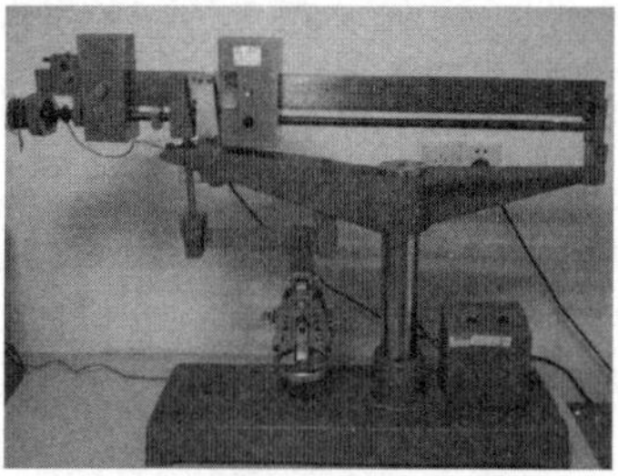

图 T 0506-3　抗折试验机(单位:kN)

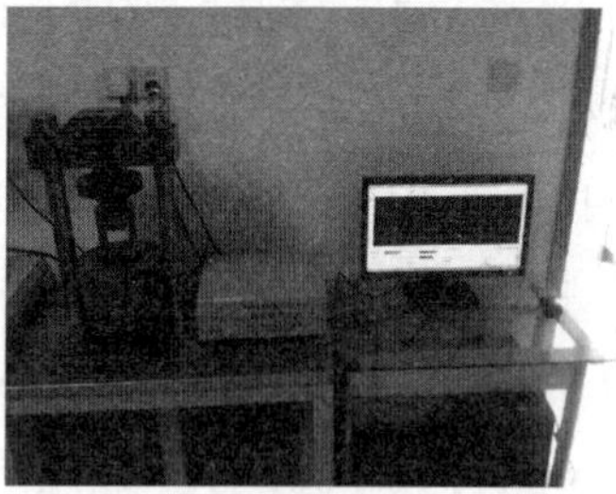

图 T 0506-4　抗压试验机(单位:kN)

②当试验机没有球座，或球座已不灵活或直径大于120mm时，应采用抗压夹具，抗压夹具由硬质钢材制成，受压面积为40mm × 40mm，并应符合JC/T 683—2005的规定。

(6)天平：感量为1g。

(7)标准砂、注水器、拨料器、刮尺等。

3.3.3 试验准备

(1)材料

①水泥试样从取样至试验要保持24h以上时，应将其储存在基本装满和气密的容器里，这个容器不与水泥起反应。

②ISO标准砂，各国生产的ISO标准砂都可以用来按本方法测定水泥强度。中国ISO标准砂中要求，其质量控制按GB/T 17671—1999中11章的规定进行。

③试验用水为饮用水，仲裁试验用蒸馏水。

(2)温度与相对湿度

①试件成型试验室应保持试验室温度为20℃ ±2℃(包括强度试验室)，相对湿度大于50%，水泥试样、ISO砂、拌和水及试模等的温度与室温相同。

②养护箱或雾室温度20℃ ±1℃，相对湿度大于90%，养护水的温度在20℃ ±1℃。

③试件成型试验室的空气温度和相对湿度在工作期间每天应至少记录一次。养护箱或雾室温度和相对湿度

至少每4h记录一次。

3.3.4　试验步骤

(1)试件成型

①成型前将试模擦净,四周的模板与底座的接触面上应涂黄油,紧密装配,防止漏浆,内壁均匀地刷以薄层机油。

②水泥与ISO砂的质量比为1∶3,水灰比为0.5。

③每成型三条试件需称量的材料及用量为:水泥450g±2g;ISO砂1 350g±5g;水225g±1g。

④将水加入锅里,再加入水泥,把锅放在固定架上并上升至固定位置。然后立即开动机器,低速搅拌30s后,在第二个30s开始的同时均匀将沙子加入。当砂是分级装时,应从最粗粒级开始,依次加入,再高速搅拌30s。

停拌90s后,在停拌中的第一个15s内用胶皮刮具将叶片和锅壁上的胶砂刮入锅中。再在高速下继续搅拌60s,各个阶段时间误差应在±1s内。

⑤用振实台成型时,将空试模和模套固定在振实台上,用适当的勺子直接从搅拌锅中将胶砂分为两层装入试模。装第一层时,每个槽里约放300g砂浆,用大播料器垂直架在模套顶部,沿每个模槽来回一次将料层拨平,接着振实60次,再装入第二层胶砂,用小播料器播平,再振实60次,移走模套,从振实台上取下试模,并用刮尺以90°架在试模顶的一端,沿试模长度方向以横向锯割动作慢慢向

另一端移走,一次将超出试模的胶砂刮去。并用直尺在近乎水平的情况下将试体表面抹平。

⑥在试模上作标记或加字条标明试件的编号和试件相对于振实台的位置。两个龄期以上的试体,编号应将同一试模中的三条试件分在两个以上的龄期内。

⑦试验前或更换水泥品种时,须将搅拌锅、叶片和下料漏斗等擦干净。

(2)养护

①编号后,将试模放入养护箱养护,养护箱内壁板必须水平。水平放置时刮平面应朝上。对于24h龄期的,应在破型试验前20min内脱模。对于24h以上龄期的,应在成型后20～24h内脱模。脱模时要非常小心,应防止试件损伤。硬化较慢的水泥允许延期脱模,但须记录脱模时间。

②试模脱模后即放入水槽中养护,试件之间间隙和试件上表面的水深不得小于5mm。每个养护池中只能养护同类水泥试件,并应随时加水,保持恒定水位,不允许养护期间全部换水。

③除24h龄期或延迟48h脱模的试件外,任何到龄期的试件应在试验(破型)前15min从水中取出。抹去试件表面沉淀物,并用湿布覆盖。

(3)强度试验

各龄期(试件龄期从水泥加水搅拌开始算起)的试件应在下列试件内进行强度试验:

龄期	试验时间
——24h	24h ±15min
——48h	48h ±30min
——72h	72h ±45min
——28d	28d ±8h

(4)抗折强度试验

①用中心加荷法测定抗折强度。

②采用杠杆式抗折试验机试验时，试件放入前，应使杠杆成水平状态，将试件成型侧面朝上放入抗折试验机内。试件放入后调整夹具，使杠杆在试件折断时尽可能地接近水平位置。

③抗折试验加荷速度为50N/s ±10N/s，直至折断，并保持两个半截棱柱体试件处于潮湿状态直至抗压试验。

(5)抗压强度试验

①抗折试验后的断块应立即进行抗压试验。抗压试验须用抗压夹具进行，试件受压面为试件成型时的两个侧面40mm ×40mm，试验前应清除试件受压面与加压板间的砂粒或杂物，试件的底面靠紧夹具定位销，断块试件应对准抗压夹具中心，并使夹具对准压力机压板中心。半截棱柱体中心与压力机压板中心差应在 ±0.5mm 内，棱柱体露在压板外的部分约为10mm。

②压力机加荷速度应控制在2 400N/s ±200N/s 范围内，在接近破坏时更应严格掌握。

3.3.5 试验结果计算

(1)抗折强度

①抗折强度按式(T 0506-1)计算。

$$R_f = (1.5F_fL)/b^3 \qquad (T\ 0506\text{-}1)$$

式中：R_f——抗折强度，MPa；

F_f——破坏荷载，N；

L——支撑圆柱中心距，mm；

b——试件断面正方形的边长，为40mm。

抗折强度计算值精确到0.1MPa。

②抗折强度结果取三个试件平均值，精确至0.1MPa。当三个强度值中有超过平均值±10%的，应剔除后再平均，以平均值作为抗折强度试验结果。

(2)抗压强度

①抗压强度按式(T 0506-2)计算。

$$R_c = F_c/A \qquad (T\ 0506\text{-}2)$$

式中：R_c——抗压强度，MPa；

F_c——破坏荷载，N；

A——受压部分面积，40mm×40mm＝1 600mm^2。

②抗压强度结果为一组6个断块试件抗压强度的算术平均值，精确至0.1MPa。如果6个强度值中有一个值超过平均值±10%的，应剔除后以剩下的5个值的算术平均值

作为最后结果。如果5个值中再有超过平均值±10%的，则此组试件无效。

3.3.6　试验记录

水泥力学性能试验记录示例见表T 0506-1。

3.3.7　试验规程及评定依据

(1)《公路工程水泥及水泥混凝土试验规程》(JTG E30—2005)。

(2)《通用硅酸盐水泥》(GB 175—2007)。

3.3.8　注意事项

(1)试验前必须检查所用的仪器设备，确保设备功能正常。

(2)检查试验环境是否符合规范要求。

(3)成型前将试模擦净，四周的模板与底座的接触面上涂上黄油(或凡士林)紧密装配，防止漏浆。

(4)搅拌过程中，更换水泥品种时，将搅拌锅、叶片、模套擦干净。

(5)两个龄期以上的试体，在编号时应将同一试模中的三条试体分在两个以上龄期内。

(6)脱膜后即放入水池中养护，试体间间隔或试体上表面的水深大于5mm。

水泥力学性能试验记录表

表 T 0506-1

试体编号	试件龄期 t(d)	抗折强度							抗压强度				
		破坏荷载 P(kN)	破坏荷载 P(N)	支点间距 L(mm)	试件尺寸(mm) 宽度 b	试件尺寸(mm) 高度 h	抗折强度 R_f(MPa)		破坏荷载 P(kN)	破坏荷载 P(N)	受压面面积 $S(mm^2)$	抗压强度 Rc(MPa)	
(1)	(2)	(3)	(4)	(5)	(6)	(7)	(8)	平均	(9)	(10)	(11)	(10)/(11)	平均
1	3	2.038	2 038	100	40	40	4.8	5.1	39.07	39 070	1 600	24.4	24.6
									37.71	37 710	1 600	23.6	
2		2.186	2 186	100	40	40	5.1		40.57	40 570	1 600	25.4	
									39.03	39 030	1 600	24.4	
3		2.363	2 363	100	40	40	5.5		41.75	41 750	1 600	26.1	
									37.92	37 920	1 600	23.7	
1	28	3.556	3 056	100	40	40	8.3	8.3	71.27	71 270	1 600	44.5	45.8
									73.86	73 860	1 600	46.2	
2		3.441	3 441	100	40	40	8.1		72.35	66 350	1 600	45.2	
									71.72	71 720	1 600	44.8	
3		3.667	3 667	100	40	40	8.6		74.88	78 880	1 600	46.8	
									75.31	79 310	1 600	47.1	

3.4　水泥密度测定方法(参照 T 0503—2005 执行)

3.4.1　目的与适用范围

(1)本方法规定了水泥密度的测量方法。

(2)本方法适用于硅酸盐水泥、普通硅酸盐水泥。矿渣硅酸盐水泥、粉煤灰硅酸盐水泥、火山灰硅酸盐水泥、复合硅酸盐水泥、道路硅酸盐水泥的密度及指定采用本方法的其他粉状物料密度测定。

3.4.2　主要检测设备

(1)李氏瓶检定水泥密度用的李氏瓶应符合关于公差、符号、长度以及均匀刻度的要求。容积为 220 ~ 250mL,带有长 180 ~ 200mm、直径约 10mm 的细颈。细颈上刻度读数由 0mL 至 24mL 且 0 ~ 1mL 和 18 ~ 24mL 应具有 0.1mL 刻度线。

图 T 0503-1　恒温水槽(单位:℃)

(2)见图 T 0503-1,恒温水槽或其他保持恒温的盛水玻璃容器。

(3)天平,量程大于 100g,感量不于 0.01g。

(4)温度计,分度值不大于 0.1℃。

(5)滤纸。

3.4.3　试验准备

水泥预先通过0.9mm的方孔筛,在110℃ ±5℃温度下干燥1h,并在干燥器内冷却至室温。

3.4.4　试验步骤

(1)将无水煤油注入李氏瓶中,液面至0mL到1mL到度线内(以弯月液面的下部为准)。盖上瓶塞并放入恒温水槽内。使刻度部分侵入水中(水温控制在李氏瓶刻度上的温度),恒温30min,记下第一次读数。

(2)从恒温水槽中取出李氏瓶,用滤纸将李氏瓶内零点以上没有煤油的部分仔细擦净。

(3)称取水泥60g,精确至0.01g,用小匙借助洗净烘干的玻璃漏斗装入李氏瓶中,反复摇动,直至没有气泡排出,再次放入恒温水槽,在相同温度下恒温30min,并记下第二次读数。

(4)两次读数时,恒温水槽温差不大于0.2℃。

3.4.5　试验结果计算

(1)水泥密度按式(T 0503-1)计算。

$$\rho = 1\,000 \times \frac{P}{V} \qquad (T\ 0503\text{-}1)$$

式中:ρ——水泥的密度,kg/m^3;

P——装入密度瓶的水泥质量，g；

V——在试验所确定温度条件下被水泥所排出的液体体积，即李氏瓶第二次读数减去第一次读数，cm^3。

(2)密度须以两次试验结果的平均值确定，计算精确至 $10kg/m^3$。两次试验结果之差不得超过 $20kg/m^3$。

3.4.6　试验记录

水泥密度试验记录示例见表 T 0503-1。

水泥密度试验记录表　　表 T 0503-1

水泥密度(李氏瓶法)试验								
试验次数	水泥质量 m(g)	李氏瓶液面读数				水泥所排开无水煤油的体积 V(cm^3)	密度(kg/cm^3)	平均(kg/cm^3)
		初始(第一次)无水煤油体积的读数 V_1(cm^3)	水槽的温度(℃)	装入水泥后无水煤油体积的读数 V_2(cm^3)	水槽的温度(℃)			
1	60.00	0.2	20.0	20.0	20.0	19.8	3030	3020
2	60.00	0.4	20.0	20.3	20.0	19.9	3020	

3.4.7　试验规程及评定依据

《公路工程水泥及水泥混凝土试验规程》(JTG E30—2005)

3.4.8　注意事项

(1)试验前必须检查所用的仪器设备，确保设备功能正常。

(2)两次读数时,恒温水槽温差不大于0.2℃。

(3)试验过程中使刻度部分浸入水中,水温控制在李氏瓶刻度上的温度。

3.5　水泥细度检验方法(筛析法)(参照T 0502—2005执行)

3.5.1　目的与适用范围

(1)本方法适用于80μm筛检验水泥细度。

(2)本方法适用于矿渣硅酸盐水泥、粉煤灰硅酸盐水泥、火山灰硅酸盐水泥、硅酸盐水泥、普通硅酸盐水泥、复合硅酸盐水泥、道路硅酸盐水泥及指定采用本方法的其他品种水泥。

3.5.2　主要检测设备

(1)试验筛

①试验筛由圆形筛框和筛网组成,分负压筛和水筛两种,负压筛应附有透明筛盖,筛盖与筛上口应有良好的密封性。

②筛网应紧绷在筛框上,筛网和筛框接触处,应用防水胶密封,防止水泥嵌入。

(2)负压筛析仪

①负压筛析仪由筛座、负压筛、负压源及收尘器组成,见图T 0502-1,其中筛座由转速为30r/min ± 2r/min的喷

气嘴、负压表、控制板、微电机及壳体等部分组成。

②筛析仪负压可调范围为4 000～6 000Pa。

③负压筛和收尘器，由功率≥600W的工业吸尘器和小型旋风收尘筒等组成或用用其他具有相当功能的设备替代。

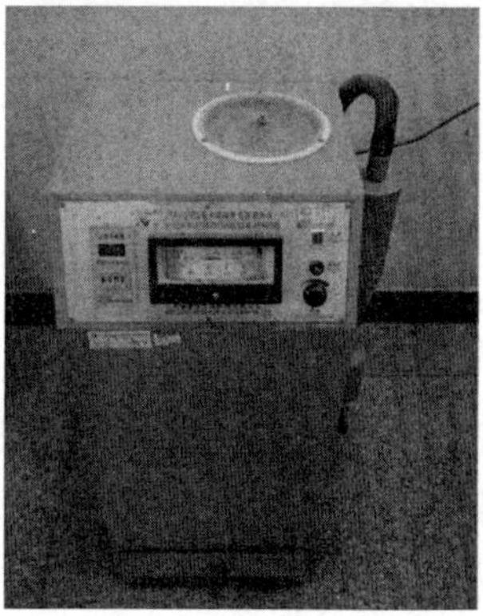

图 T 0502-1　水泥细度负压筛析仪（单位：s）

（3）水筛架和喷头。水筛架和喷头的结构尺寸应符合 JC/T 728—1996《水泥物理检验仪器　标准筛》的规定，但其中水筛架上筛座内径为 140^{0}_{-3}mm。

（4）天平，量程应大于100g，感量不大于0.05g。

3.5.3　试验准备

水泥试样从取样至试验要保持24h以上时，应将其储存在基本装满和气密的容器里，这个容器不与水泥起反应。通过0.9mm方孔筛，记录筛余物情况，防止过筛时混进其他水泥。

3.5.4　试验步骤

（1）负压筛法

①筛析试验前，应把负压筛放在筛座上，盖上筛盖，接通电源，检查控制系统，调压至4 000～6 000Pa。

②称取试样25g，置于洁净的负压筛中，放在筛座上，盖上筛盖，开动筛析仪连续筛析2min，在此期间如有试样附着在筛盖上，可轻轻地敲击筛盖使试样落下。筛毕，用天平称量筛余物。

③当工作负压小于4 000Pa时，应清理吸尘器内水泥，使负压恢复正常。

(2)水筛法

①筛析试验前，使水中无泥、沙，调整好水压及水筛架的位置，使其能正常运转。喷头底面和筛网之间距离为35～75mm。

②称取试样25g，置于洁净的水筛中，立即用淡水冲洗至大部分细粉通过后，放在水筛架上，用水压为0.05MPa±0.02MPa的喷头连续冲洗3min。筛毕，用少量水把筛余物冲至蒸发皿中，等水泥颗粒全部沉淀后，小心倒出清水，烘干并用天平称量筛余物。

3.5.5　水泥试验筛的标定方法

(1)试验条件

①水泥细度标准样品符合GSB 14—1511要求，或相同等级的标准样品，有争议时以GSB 14—1511标准样品为准。

②仪器设备同3.5.2(1)、(2)、(3)。

(2)标定操作：将标准样装入干燥洁净的密闭广口瓶中，盖上盖子摇动2min，清除结块。静置2min后，用一根干燥洁净的搅拌棒搅匀样品。称量标准样品25g精确至

0.01g，将标准样品倒进标定试验筛，中途不得有任何损失。接着按3.5.4(1)和3.5.4(2)进行操作。每个试验筛的标定应称取两个标准样品连续进行，中间不得插做其他样品试验。

3.5.6 试验结果计算

(1)计算公式

水泥试样筛余百分数按式(T 0502-1)计算。

$$F = \frac{R_s}{m} \times 100 \qquad (T\ 0502\text{-}1)$$

式中：F——水泥试样的筛余百分数，%；

R_s——水泥筛余物的质量，g；

m——水泥试样的质量，g。

(2)筛余结果的修正

①为使试验结果可比，应采用试验筛修正系数方法来修正计算结果。

②试验筛修正系数按式(T 0502-2)计算。

$$C = F_n / F_t \qquad (T\ 0502\text{-}2)$$

式中：C——试验筛修正系数；

F_n——标准样给定的筛余百分数，%；

F_t——标准样在试验筛上的筛余百分数，%。

修正系数计算精确至0.01。

注：修正系数 C 在0.80～1.20范围时，试验筛可继续使用，C 可作为结果修正的系数；当 C 值超出0.80～1.20范围时，试验筛应予淘汰。

③水泥试样筛余百分数结果修正按式(T 0502-3)计算。

$$F_C = C \times F \qquad (T\ 0502\text{-}3)$$

式中：F_C——水泥试样修正后的筛余百分数，%；

C——试验筛修正系数；

F——水泥试样修正前的筛余百分数，%。

(3)精确度与允许误差

①试验筛余结果：计算至0.1%；每个试样应称取两个试样分别筛析，取筛余平均值为筛析结果。若两次筛余结果绝对误差大于0.5%时（筛余值大于5.0%时可放至1.0%），应该再做一次，取两次相近结果的算术平均值作为最终结果。

②负压筛的修正系数：计算至0.01；二个样品记过的算术平均值为最终值，但当二个样品筛余结果相差大于0.3%时应称第三个样品进行试验，并取接近的两个结果的算术平均值作为最终结果。

3.5.7 试验记录

水泥细度试验和水泥负压筛标定试验记录示例见表T 0502-1和表T 0502-2。

水泥细度试验记录表 表T 0502-1

样品质量(g)	筛余质量(g)	筛余百分率(%)	筛余百分率平均值(%)	修正系数	修正后的筛余百分率(%)
25.00	0.30	1.2	1.3	0.95	1.2
25.00	0.32	1.3			
—	—	—			

水泥负压筛标定记录　　表 T 0502-2

样品质量(g)	筛余质量(g)	筛余百分率(%)	筛余百分率平均值(%)	修正系数	修正后的筛余百分率(%)
25.00	0.30	1.2	1.3	0.95	1.2
25.00	0.32	1.3			
—	—	—			

3.5.8　试验规程及评定依据

(1)《公路工程水泥及水泥混凝土试验规程》(JTG E30—2005)。

(2)《通用硅酸盐水泥》(GB 175—2007)。

3.5.9　注意事项

(1)试验前必须检查所用的仪器设备,确保设备功能正常。

(2)检查负压筛析仪,看负压是否为4 000 ~ 6 000Pa。